JN244437

じゃんけん

必勝法

昔と今

稲葉茂勝／著

はじめに

　2018年夏、ぼくのところにたてつづけにテレビ番組の取材がきました。ぼくは、じゃんけんの専門家ではありません。ところが、これまでじゃんけんに関連してテレビ・新聞などマスコミの取材をなんども受けました。

　その発端は、2002年に『世界のじゃんけん』を著したことでした。実は、ぼくはおもに子どもの本をつくってきた編集者で、とくに国際関係の本が多いことから、海外取材をたくさん経験してきました。

●外国で子どもたちに出会ったとき、ぼくがグー・チョキ・パーの手の形をする。
●子どもの表情から、その子がじゃんけんを知っているかどうかがすぐわかる。

　こうしてぼくは、世界各国で取材したその国のじゃんけんについて、本に書いて紹介したのです。それから、かれこれ15年以上がすぎましたが、テレビや新聞の記者は、「じゃんけんの専門家をいろいろさがしたけれど、見つからなかった」と、みなさん、同じことを言って、ぼくのところに……。

　テレビ朝日の番組では、「じゃんけん界の第一人者稲葉茂勝先生」とナレーションが入ってしまいました。これには、ぼくも参りました！　でも、あとの祭り。

　そこで、ぼくは日本の伝承遊びや民俗学などの研究者ではありませんが、長いあいだ、興味をもってずっと調べてきた者として、じゃんけんについて新たにまとめることにしました。それが、この本です。

　この本では、これまであまり触れられてこなかった（否、ぼくの知るかぎり、まったくない）情報を、読者のみなさんにお知らせしたいと思っています。その1つが「じゃんけん覗き」。

　なに、それ？　聞いたことがない、と思うことでしょう。

　それもそのはず、「じゃんけん覗き」は、前述のテレビ番組でぼくが勝手にそう言ってしまった言葉だからです（詳しくは本文で）。

　一方、もう1つの番組では「じゃんけんの勝ち方」が注目されました。そもそもじゃんけんに勝つための方法や技があるのでしょうか？　もしあるとすれば、知りたいと思う人はとても多いと思います。

　そういう人は、ぜひ本文をじっくり読んでほしいと思います。

　それでは、ぼくといっしょに、じゃんけんのもつ不思議で、深〜い世界に入っていきましょう。

子どもジャーナリスト
Journalist for children　稲葉茂勝

＊ぼくは、すでに編集者を引退。2017年4月から子どもジャーナリストとして活動しています。

もくじ

じゃんけんのルーツは江戸時代のニッポン

1 中国から伝わってきた拳遊び

一般に、じゃんけんは**中国から伝わってきた**と考えられています。しかし、本当にそうでしょうか？ 昔の**中国の拳遊び（拳戯）**と、現在世界じゅうに広がっている**日本発のじゃんけん**とをくらべてみましょう。

平安時代にあった虫拳

「拳遊び（拳戯）」とは、２人または３人以上で指を立てたり折ったり、また、手を開いたり閉じたりすることにより、勝ち・負けを決める遊びのこと。

じゃんけんは、手を開いたり閉じたりするということにあたるが、日本発のものである。だが、じゃんけんに似た中国の拳遊びが日本に伝わり、古くは日本の平安時代からおこなわれていたことが知られている（伝来した時期は不明）。このことにより、じゃんけんのルーツは、中国だとされているのだが……。

平安時代の拳遊びは、「虫拳」とよばれていた。その手の形は、右の絵の通り。

これは、じゃんけんのグー・チョキ・パーとはまったくちがうので、

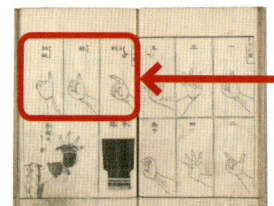

じゃんけんとは似て非なるものである。

「虫拳」は、どの指がヘビ（蛇）で、どの指がカエル（蛙）かがわかりにくく、勝敗もわかりにくい。しかも、なぜ、ナメクジがヘビに勝つのかわからない。一説によれば、ヘビは、ナメクジの通った跡を通らないからだというが……。

でも、「三すくみ」（→右ページ）の考え方をとるところは、現代のじゃんけんと完全に同じだ！

蛞蝓：小指　　蛙：親指　　蛇：人差し指

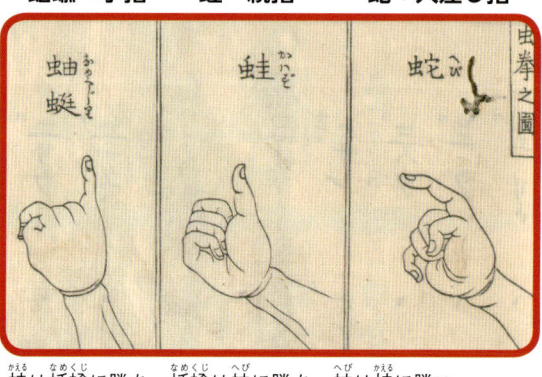

蛙は蛞蝓に勝ち、蛞蝓は蛇に勝ち、蛇は蛙に勝つ。

『拳会角力図会』より／国立国会図書館蔵

三すくみ

「三すくみ」とは、中国の周の時代の道学者である**関尹子**という人が書いた『**関尹子**』という書物のなかに記された（「蛆食蛇。蛇食蛙。蛙食蛆。互相食也」）という文に由来する。

蛆食蛇。蛇食蛙。蛙食蛆。互相食也。

これがのちに「ヘビ（蛇）はナメクジ（蛞蝓）を恐れ、ナメクジはカエル（蛙）を恐れ、カエルはヘビを恐れる」となり、その関係が「三者、互いに牽制し合って身動きのできない状態」を意味するようになった。

これは、日本では「三つ巴（みつどもえ）」ともいわれている。

ただし、中国語の「蛆」は、日本語では「ウジ虫」と訳される。だが、ヘビに勝つという意味からは、ナメクジだとしてもウジ虫だとしてもよくわからない。

また、「蛞蝓」は「ムカデ」だという説がある。もし、ムカデだとすれば、ヘビがムカデを恐れるというのは、わかる気もしないではないが……？

また、この三すくみ（三つ巴）は、のちに流行った「狐拳」や「藤八拳」とよばれたお座敷遊びにも見られる（そのほかにも、たくさんの遊びがある）。

「狐拳」は、狐が鉄砲に負け、鉄砲は庄屋に負け、庄屋は狐に負けるというものだ（→P6）。

蛇

蛙

蛞蝓

蛆食蛇。
蛆は蛇を食う。

蛇食蛙。
蛇は蛙を食う。

蛙食蛆。
蛙は蛆を食う。

互相食也。
互いに食いあう。

2 「形体拳」
けいたいけん

「虫拳」は、登場するものを手の形であらわすのに対し、体全体をつかっ
むしけん
てあらわす拳遊びがあります。それをこの本では「形体拳」とよぶことに
けんあそ　　　　　　　　　　　　　　　　　　　　　　　　けいたいけん
します。「狐拳」や「藤八拳」がその例ですが、それらは日本で生まれた
きつねけん　　とうはちけん
遊びです。

狐拳（庄屋拳）
きつねけん　しょうやけん

「虫拳」は、平安時代に中国から日本へ
むしけん
伝来したもの。だが、「狐拳」（「庄屋拳」
きつねけん　　しょうやけん
ともよばれる）は、日本のオリジナルの
遊びである。

残念ながら、その由来ははっきりして
いないが、一説では、豊臣秀吉が朝鮮に
とよとみひでよし　ちょうせん
侵攻した際、兵士が考えだして遊んだと
しんこう　さい
言われている。

「狐拳」は、江戸時代になると、しだい
きつねけん　　えど
にお座敷遊びとして流行していく(→P7)。
ざしきあそ

時代が下り、旧日本軍が東南アジアに
きゅう
侵攻すると、各国でも、この遊びが広まっ
しんこう
た(→P15)。今でもミャンマーで、狐が虎、
きつね　とら
庄屋が上官にかわっただけの三すくみの
しょうや
形体拳が残っているのは、その証である。
けいたいけん　　　　　　　　　　　あかし

ミャンマー式の形体拳をする、ミャンマーの子どもたち。
けいたいけん

狐拳をする芸者3人が描かれた錦絵（1804〜1818年ごろ）。座敷の向こうでも歌やおどりで盛りあがっているようすが、影
きつねけん　　げいしゃ　えが　　にしきえ　　　　　　　　　　　　　　　　　ざしき　　　　　　　　　　　　　　　　　　　　　　も　　　　　　　　　　　かげ
法師で表現されている。
ぼうし　ひょうげん

『風流狐けん』菊川英山／学校法人城西大学水田美術館蔵

藤八拳（東八拳）

江戸時代には、「藤八拳（東八拳）」とよばれる形体拳が登場する。これは「狐拳」を3回勝負でおこなうもので、体の動きから相手がなにを出すかを読むなど、ゲーム性が高まり、人気を博した。

- 狐の型：相手に手のひらを向けて中指の爪先が目の線にくるようにして置く。
- 庄屋の型：旦那とも言う。両手の手のひらを両膝の上に置く。
- 鉄砲の型：両手のこぶしをにぎる。

この遊びの起源については、吉原の桜川藤八という幇間（男芸者）が考案したとか、徳川家康の関東八州平定を祝して江戸の町民が考案したとかの説がある。

その後、「藤八拳」はしだいに体系化されていき、明治から大正時代にかけて流行がつづいていく。そして、しだいに作法が重んじられるようになり、家元制度ができた。なかには、今もつづいていて、けいこ会を開き、番付披露などをおこなっている会もあるという。

■藤八拳のルールの例

①向かいあって正座をする。両手を体の前で合わせる（「絞り」とよぶ）。

②「ヨイヨイヨイ」と言うと同時に、手を3回たたく。

③双方が狐の型をする（「合い拳」とよび、現在の「最初はグー」にあたる）。

④「ハッ」の発声とともに3種類のうちのいずれかの型をする。

⑤3回連続して勝ったら、両手をたたいて動作を終了する。

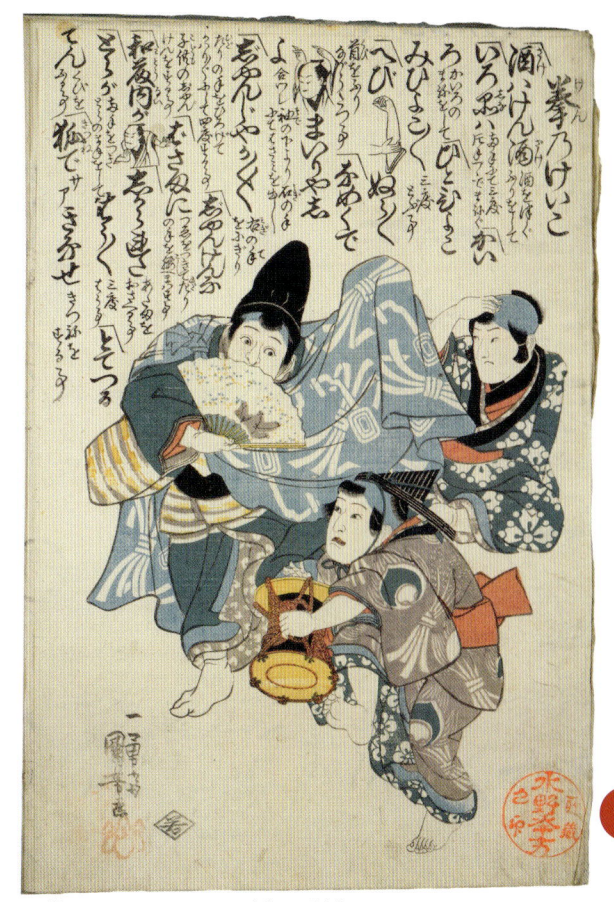

拳のけいこのようすを描いた錦絵。

『拳乃けいこ』一勇斎国芳／国立国会図書館蔵

7

藤八拳をする人びと。　　　提供：高橋浩徳

3 数を言いあてる拳遊び

4ページで「拳遊びは、**指を立てたり折ったり**、また、手を開いたり閉じたりすることにより、勝ち・負けを決める遊び」と記しました。ここでは**「指を立てたり折ったりする遊び」の昔と今**を見てみましょう。

中国伝来の「本拳」

中国では古くから、酒宴の余興として拳遊び（拳戯）がおこなわれていた。それが九州に伝わってきて、長崎の遊郭で遊ばれるようになった。これが「本拳」とよばれるものだ。『拳会角力図会』という江戸時代の書物（右）には、寛永の頃（江戸時代初期）に伝わってきたと記されているが、はっきりしていない。

この拳遊びは、2人が向かいあい、それぞれ片手の指で数を示すと同時に2人の出す指の数の合計を予測して、その数を言いあう。数を言いあうことから「数拳」ともよばれる（数の合計を言いあてたほうが勝ち）。

数の言い方は、長崎でも当初は、中国語の発音でおこなわれていた。だが、しだいに、各地で、それぞれの地方の言葉にかわっていった。

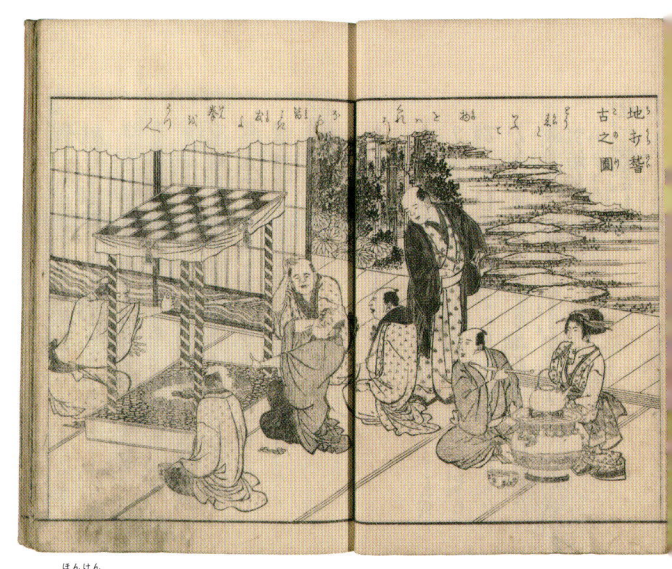

本拳をして遊ぶ人。『拳会角力図会』より／国立国会図書館蔵

8

数拳と虫拳はどちらが古い？

編集者で日本文化研究者の松岡正剛氏によると、数拳のほうが虫拳（→ P4）より古いとされる。

「最初は数拳が流行した。これを拳法あるいは拳道では、本拳という。長崎拳・崎陽拳ともよばれた。崎陽は漢学者たちによる長崎の異称のことで、どうも長崎から入ってきた遊びだろうと思われていたからだ。やがて、これでは数が多すぎて勝負がつきにくくなり、そこで生まれてきたのが、三すくみ型だった。もっとも代表的なのは虫拳とよばれたもので、親指が蛙に、小指が蛞蝓に、そして人差し指が蛇になった」（ブックナビゲーションサイト「松岡正剛 千夜千冊」）

また、菊池貴一郎（4代目歌川広重）が1905年に著した『絵本江戸風俗往来』のなかにも、日本の三すくみが中国から伝わってきた数拳からできたことが記されている。

『絵本江戸風俗往来』／菊池貴一郎 著・鈴木棠三 編／平凡社

数拳から三すくみの虫拳へ？

「数拳」で親指を立てれば、ヘビ（蛇）。人差し指がカエル（蛙）で、小指がナメクジ（蛞蝓）と考えれば、たしかに「虫拳」が「数拳」から変化したと言えなくもない。だが、残念ながら、「数拳」も「虫拳」も、中国から日本へ伝来した時期がわかっていないので、その説は証明されていない。

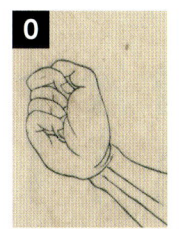

0 にぎった手（無手）

1 親指を立てる

2 親指と人差し指

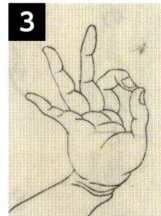

3 中指、薬指、小指（2以外）

4 人差し指、中指、薬指、小指（1以外）

5 手を開く

数拳の手の形。　『拳会角力図会』より／国立国会図書館蔵

現代の「いっせいのせ」

日本では今も「いっせいのせ」とよばれる子どもの遊びがある。これが左ページで見た「数拳」とよく似ていることには、驚かされる。

「いっせいのせ」は、右のように遊ぶ。

ただし、ここに示すルールは一例で、地方や時代によってさまざまなやり方がある。

❶ はじめに、じゃんけんで親を決める。

❷ 全員がにぎった両手をくっつけるようにして胸の前に出して向かいあう（3〜5人でする場合には内側を向いて輪をつくる）。

❸ 親は「いっせいのせ1」とか「いっせいのせ3」などとかけ声をかける。親が数を言うのと同時に、全員がいっせいに親指を立てる。左右両方の親指を立ててもいいし片方だけでもいい。立てなくてもいい。

❹ 親が言った数が全員の立てた親指の数の合計と同じだったら、親は片手を下ろし、片手だけで勝負をつづける。同じでなかった場合はそのまま。親は順番でかわる。

❺ いちばん早く両手を下ろすことができた人の勝ち。

9

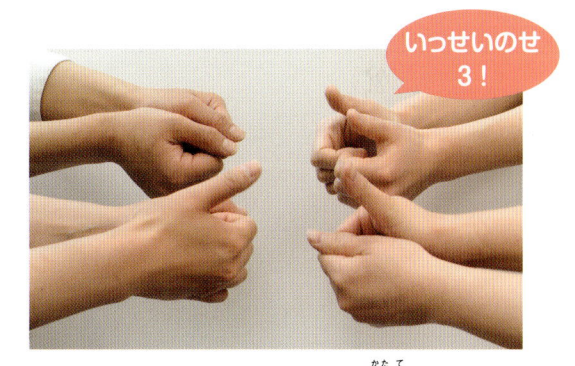

いっせいのせ3！

立てられた親指の数が4なので、親は片手を下ろせない。

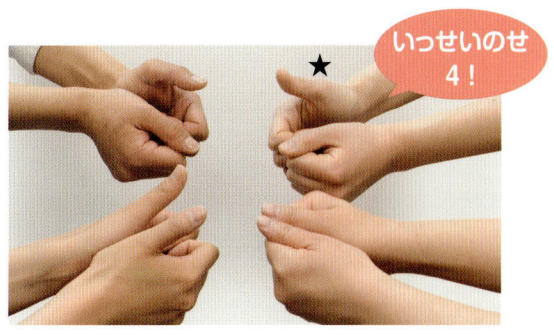

いっせいのせ4！

★

親のかけ声と、立てられた親指の数が同じなので、親は片手（★）を下ろすことができる。

4 「石拳」から「じゃんけん」へ

今の「じゃんけん」は、江戸時代中期から後期にかけて広まった「石拳」だと考えられています。現代の百科事典や辞書のなかには、「石拳」を「じゃんけんに同じ」と記してあるものあります。

虫拳から石拳へ

江戸時代になると、おもにお座敷で遊ばれていた「虫拳」（→P4）が、子どもたちの遊びになって大きく広がっていく。このことは『嬉遊笑覧』という江戸時代の書物からもわかる。この遊びは、手をにぎった形で、石をあらわしたことから「石拳」とよばれた。

石拳ができた背景

「石拳」ができた背景には、「虫拳」のわかりにくさと、「本拳」（→P8）のめんどうさがあったのではないかと考えられている。

石拳の三すくみの手の形は、本拳の6つの手の形から1、3、4が省かれ、0と5、そのあいだの2によってできたもの。すなわち、無手（0）が「石」、2が「鋏」、5が「紙」である。

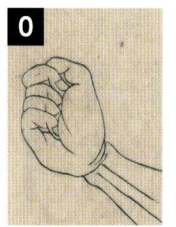 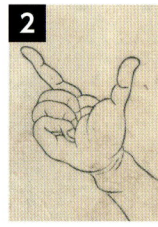 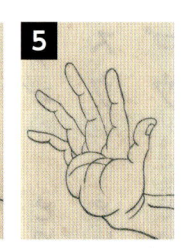

なお、鋏はもともと親指と人差し指（本拳での2）であらわしたが、下の絵からは、この時代にすでに人差し指と中指であらわしていたことがわかる。

現在のじゃんけんと同じく、手をにぎったグー、人差し指と中指を立てたチョキを出しているところが見える。

『風流おさなあそび』（1830年頃）歌川広重／公文教育研究会蔵

「じゃんけん」という言葉の由来

　「じゃんけん」は、2人で遊ぶことから「両拳」(「両」は中国語で「リャン」と発音する)とよばれ、しだいに「じゃんけん」にかわったと考えられている。そのことは、天保9(1838)年の『誹風柳多留』164巻に「リャン拳、鋏ヲ出スハ　花屋ノ子」と歌われたことからもわかる。

　だが、「じゃんけん」の語源についてはほかに、「石拳」(昔は「じゃくけん」と発音した)がなまったとか、チョキを示す「鋏拳」が変化したなど、いくつかの説がある。

　なお、現在「じゃんけん」は全国的なよび名となっているが、関西の「いんじゃん」や九州の「しゃりけん」など、地方によってはさまざまなよび名がつかわれている。

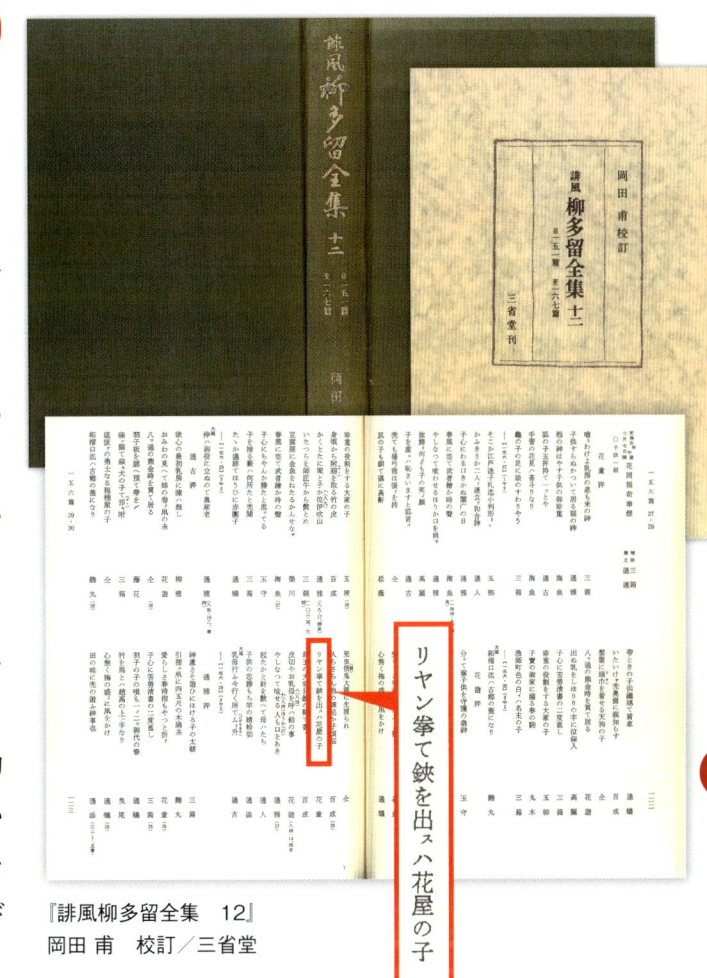

『誹風柳多留全集　12』
岡田 甫　校訂／三省堂

「じゃんけん」のかけ声

　今では、じゃんけんのかけ声は「じゃんけんポン」がふつう。「ポン」は「ポイ」「ホイ」などとも言う。

　だが、ところかわれば……で、全国にはさまざまな言い方がある。

　右の表は、そのおもなものだ。

北海道	じゃんけん　しょ
	おいやっ　(じゃんけん)　ペ (ポン)
青森県	じゃんけん　き
	じゃんけん　し
	じゃらけつ　ほい
山形県	じっけん　ぴ
福島県	じっけった
千葉県	ち～けった　(じゃんけんのことを「ちっけ」という)
山梨県	ちっけった
愛知県	じっけった
岐阜県	いんちゃん　ホイッ
福井県	じゃーんけーんで　ホーイ
広島県	じゃーんーけーんーで　ホーイ
愛媛県	しーやん、えす
福岡県	じゃいけん　しっ
長崎県	じゃんけん　ち
鹿児島県	じゃんけん　ポシッ
沖縄県	ブーサー、シッ　(じゃんけんは「ブーサー」)
	じゃんけん、エスッ！

11

5 現在のじゃんけん

現在のじゃんけんを、「**グー**」「**チョキ**」「**パー**」の三すくみの拳遊びだとするならば、それはまちがいなく**江戸時代**にはじまったと言えます。なぜなら、中国の拳遊び（拳戯）と日本のじゃんけんは、**祖先は同じ**ですが、ことなるものだからです。

無生物の三すくみ

「虫拳」や「狐拳」では、命あるものが登場する。しかし、「石拳・じゃんけん」はそうではない。命がないものが出てくることで、その力のバランスは、だれもが納得できるものになったのである。そして、このことがじゃんけんの普及に一役かったと言われている。さらに、じゃんけんの勝ち負けは、とてもわかりやすかったことから、文化のちがう外国へもどんどん広がっていったのだ。

じゃんけんとめんこ

江戸時代に生まれた「石拳・じゃんけん」が、だれもが知る遊びになったのは、20世紀になってからだった。

実は、その最大の理由が、じゃんけんと「めんこ（面子）」に関係する。「めんこ」は厚紙でできた玩具。すなわち、子どもの遊びのめんこに、じゃんけんの手の形が描かれたことにより、子どもたちのなかに一気に広まっていったと考えられている。

近年ではめんこを知らない人が多く

なってきたが、かつては日本じゅうの子どもがめんこで遊んでいた。

地面に置いた相手のめんこに、自分のめんこをたたきつけて相手のめんこをうら返しにすると、自分のものになるというルールや、地面に円を描き、その円から相手のめんこをはじき出したらもらえるというルールなどがあった。

キャラクターの絵のそばに、じゃんけんの手の形が描かれた「めんこ」。

12

「パー」は紙か布か？

現在、中国や朝鮮半島でも、江戸時代の日本ではじまった「石拳・じゃんけん」がおこなわれている。

ところが、中国の人びとはそうは考えていない。「石頭剪刀布」という遊びが、朝鮮半島に伝わり、そして九州に伝わったと考えられているのだ。

- 石頭（シートウ）：石
- 剪刀（ジェンタオ）：鋏
- 布（ブ）：布

しかし、「虫拳」と「本拳（数拳）」が中国から伝わったのは確かだが、現在の日本のじゃんけんの原形は、あくまでも日本生まれなのだ！

これは言うならば、人類は猿から進化したわけではなく、人類と猿と同じ祖先をもっているということに似ている。

中国起源説への反論

中国で「石頭剪刀布」がつくられ、それが日本に伝わったと考えるには無理がある。その理由は、次の通りだ。

19世紀中ごろには、中国からアメリカ大陸へ渡った移民が多くいた。そのころの日本は、まだ鎖国状態。中国人移民がアメリカへ「石頭剪刀布」を伝えたとすれば、現在のアメリカのじゃんけんの「パー」が、Cloth（布）となっているはずだ。だが、アメリカでは、Paper（紙）となっている。アメリカへじゃんけんを持ちこんだのは明治以降の日本人移民で、それ以前には中国人の移民たちは日本の「石拳・じゃんけん」を知らなかったと予想できる。紙が布にかわった理由は、1つには中国語での発音のしやすさ、もう1つは、日本のじゃんけんと少しでも差別化したいという意識がはたらいたのではないかと考えられる。

カウィバウィボ

現在、韓国にも、「가위바위보（カウィバウィボ）」とよばれる、日本のじゃんけんによく似た遊びがある。

- 가위（カウィ）：鋏
- 바위（バウィ）：石（岩）
- 보（ボ）：布（ふろしき）

石を包むものなら、紙より布（ふろしき）のほうが適している気もするが、実は、このことが根拠とされて、韓国では、世界じゅうに広がっているじゃんけんを、韓国発祥だとする「韓国起源説」をとなえる人が多い。

その説では、布は日本に伝わった際に紙にかわったことになるのだが、日本にも布はあるし、韓国から伝わった際に、どうして布が紙にかわったのか、説明がつかない。

韓国起源説の背景

韓国は、中国に組みこまれていた期間が非常に長く、オリジナルの文化が比較的少ない。このため、日本文化や中国文化などとされるものについて、本当はその起源が韓国にある（韓国起源説）と国際社会に向けて宣伝することが多い。

実際、ヨーロッパなどではそれを信じてしまう人が少しずつ増えているため、じょじょに既成事実化してしまっているのだ。韓国起源説の対象は、空手などの武術・武道関係、歌舞伎や折り紙、食べ物では寿司やワサビなどがあげられている。じゃんけんもその1つと言うのだ。

13

6 日本のじゃんけんが世界へ

江戸時代に広まった「石拳」は、しだいに「じゃんけん」とよばれるようになり、**いつでも、どこでも、道具もつかわずに**楽しめる遊びとして日本じゅうに、そして**世界へ**と広まっていきました。

明治時代になると

明治時代になると日本政府は富国強兵をめざし、まず海軍の強化を進めた。その手本になったのがイギリス海軍だった。そして江戸時代から一変して、日本はイギリスと急速に交流を深めていく。

そうしたなかで、じゃんけんが日本からイギリスへ伝わっていき、そして、イギリスからイギリス連邦の国ぐにへと広がっていった。

一方、日本国内では、都市と地方との経済格差が大きくなり、地方では仕事もなく困窮する人びとが多くなっていた。

そこではじまったのが、海外移民だった。地方では、外国へいって一花咲かそうと考える人も多かった。

日本の海外移民は、明治元年のハワイへの移民にはじまった。そして、アメリカ本土やブラジル、ペルーなどへと広がっていった。

じゃんけんは、移民たちとともに各国へ持ちこまれた。その後、昭和時代になると、満州国や朝鮮半島、および日本の委任統治下にあったパラオなどの南洋の島じまにも伝わっていった。

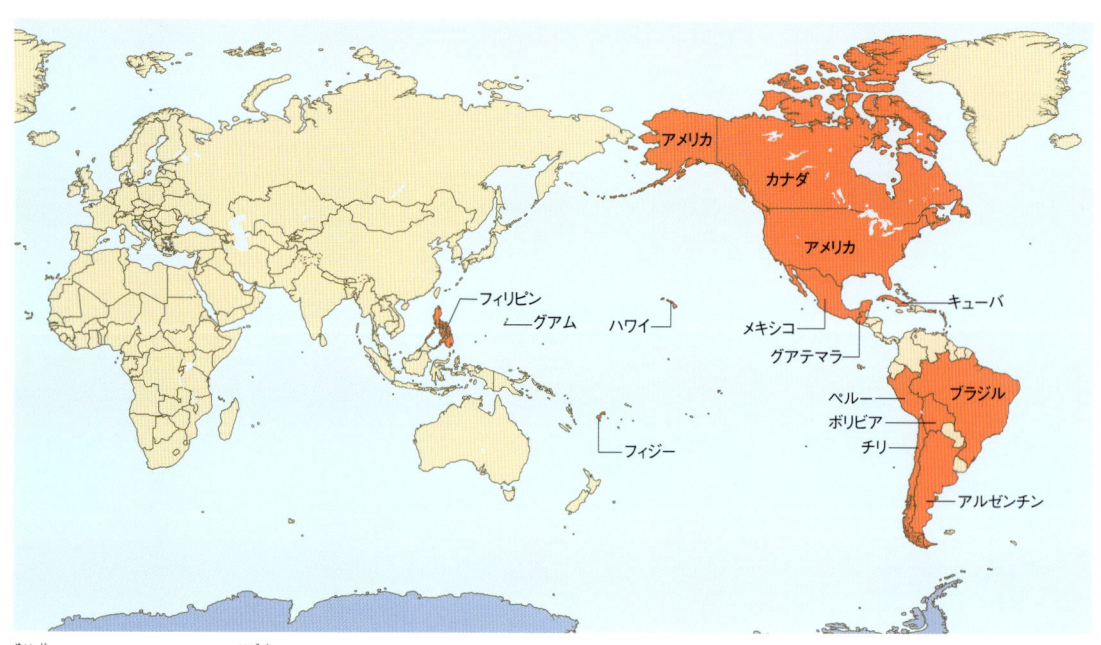

明治時代、日本人が海外移民した国。

日本の軍事進出で

その後もじゃんけんは、どんどん海外に広がったが、それが顕著になったのが太平洋戦争（1941〜1945年）だった。

旧日本軍は「大東亜共栄圏」を主張し、東アジアから東南アジア、南太平洋の島じまへ次から次へと侵攻していった。そして兵隊とともにじゃんけんを各地に伝えた。

いつでもどこでも、なにもなくてもできるじゃんけんは、戦争にかり出された兵士にとって、最適の娯楽だった。

また、日本兵だけでなく、多くの日本人がさまざまな目的で、日本軍が占領した国へ渡っていった。そうした日本人が、各地に伝えたものの１つに、じゃんけんがあったのだ。こうして東アジアから東南アジアのほぼ全域へ、じゃんけんが伝わった。

戦後になっても、日本に帰らず現地に留まった日本人も少なくなく、彼らによっても、じゃんけんは広められた。

太平洋戦争における旧日本軍の進路と侵略地域。

7 戦後の経済発展とともに

1945年に終戦。その後の**日本の復興はめざましく**、1950年代になると「もはや戦後ではない」と言われるほどになりました。1954年には**高度経済成長**がはじまり、外国との交流が飛躍的に広がりました。

さまざまな海外交流とともに

高度経済成長期（1954〜1973年）、日本人はどんどん海外へと飛びだした。「日本国株式会社」などとよばれた日本企業は、非常に多くの日本人を海外に送りだし、駐在させた。

一方、学生たちの海外留学も増加し、若い人たちがどんどん外国へ渡っていった。そうした日本人にとって、じゃんけんは外国人とのコミュニケーションのきっかけとして、とても便利だった。

また、全国の自治体が外国の都市と「姉妹都市」になることが増加。すると、子どもたちが外国人と交流する機会も増えた。その結果、子どもの遊び・じゃんけんは、ますます外国人の知るところとなった。さらに、スポーツの交流もさかんになり、じゃんけんを海外へ広める上で大きな役割を果たした。

もとより、海外への憧れなどから海外移住者も増え、アメリカやヨーロッパでは、大都市を中心に日本人が移りすんだ（こうした移民は明治時代にはじまる日本人の海外移民とはことなる性格のものだった）。

来日外国人の役割

戦後、日本の漫画は手塚治虫が1950年に発表した『ジャングル大帝』にはじまり、1952年の『鉄腕アトム』、1953年の『リボンの騎士』や『火の鳥』などが世界へ羽ばたいていった。手塚の作品のほか、次の作品が海外でも知られるようになった。その結果、漫画は「MANGA」と表記される世界共通語となっていった。

・赤塚不二夫『おそ松くん』（1962年）
　『ひみつのアッコちゃん』『天才バカボン』
　（1967年）
・石森章太郎『サイボーグ009』（1964年）
・水木しげる『ゲゲゲの鬼太郎』（1965年）
・ちばてつや『あしたのジョー』（1967年）
・モンキーパンチ『ルパン三世』（1967年）
・さいとう・たかを『ゴルゴ13』（1968年）
・藤子・F・不二雄『ドラえもん』（1969年）

「MANGA」は、世界から外国人を日本へ引きよせ、外国人が日本へ旅行にくる理由の1つとなった。もちろん、当時、ビジネスや教育で日本へやってくる外国人も増加し、彼らを通してさまざまな日本文化が世界へ広がっていった。それ以前には、日本人同士がじゃんけんをしているのを見た外国人は不思議に感じ、なにをしているのかと質問したものだった。だが、「MANGA」のおかげで、じゃんけんもその後世界共通のものになっていった。

ついで、人気漫画がアニメ化されて、海外にもち出されていくと、じゃんけんはさらに世界的に普及していった。

それは、海外に進出した日本人が現地の人たちに広めたというより、日本にやってきた外国人が日本でじゃんけんを知り、自分の国に持ちかえったほうが多かったかもしれない。また、外国の映画にもじゃんけんをするシーンが登場するようになった。たとえば、日本が舞台となった『007は二度死ぬ』（1967年）の原作の小説では、日本的な雰囲気を出すために主人公ジェームズ・ボンドがじゃんけんをする場面がある。

『サザエさんじゃんけん』

1969（昭和44）年の放送が開始されたアニメ『サザエさん』は、世界最長のアニメシリーズとして『ギネス世界記録』にものっている。そのテレビアニメでは、「さて？来週のサザエさんは」からはじまる次回予告の最後に、1991年秋以降、サザエさんが手に持ったグー・チョキ・パーのパネルで「じゃんけん」をするようになった。これが「サザエさんじゃんけん」だ。

©長谷川町子美術館

アニメ『サザエさん』の最後に登場する、じゃんけんのパネルを持ったサザエさん。

8 「パー」は手刀?

イギリスのじゃんけんは、Rock（ロック）Scissors（シザーズ）Paper（ペーパー）Go（ゴー）！ または、1、2、3（ワン、ツー、スリー）！などと言いながら「グー」「チョキ」「パー」のうちの1つを出します。

外国映画に見る「パー」の手の形

日本から世界へ広がったじゃんけんの手の形の「グー」と「チョキ」は、日本でも海外でも同じだが、「パー」は日本のものとイメージがことなるようだ。

日本では（中国や韓国でも）、「パー」は手を開く。すると5本の指はとなりの指と自然とはなれる。これに対し、ハリウッ

ド映画などで見かけるじゃんけんのシーンでは5本の指がそろえられて、まるで手刀のような形でふり出されているのだ。それは、手刀で石（岩）をくだいて、「パー」が「グー」に勝つような感じだが、そうだとすると、ハサミが手刀に勝つというのは妙だ。

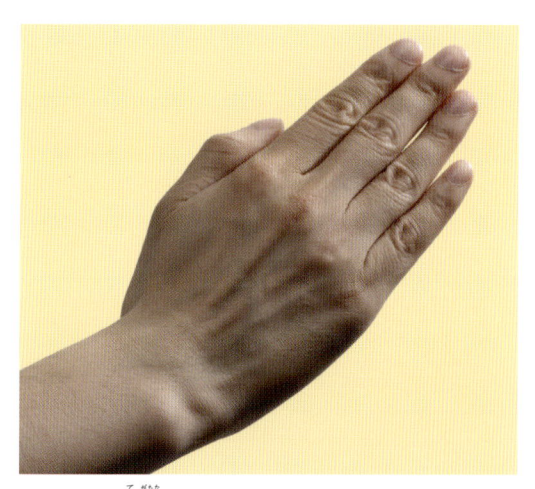

海外では、手刀のような「パー」の形が見られる。

Rock Paper Scissors Go！
Rock Paper Scissors 1、2、3！

順番がちがう Rock・Scissors・Paper

イギリスや、アメリカでは、日本のじゃんけんの意味を、そのまま英語にして、Rock・Scissors・Paper（ロック、シザーズ、ペーパー）というかけ声がつかわれるが、同じ英語圏のオーストラリアやイギリスやアメリカでも地域や人によって、Scissors と Paper が逆になることもある。また、Rock（岩）が、Stone（石）となることもある。

9 じゃんけんとクールジャパン

近年じゃんけんは、「**クールジャパン**」とよばれる現象により、いっそう海外で普及！「**クールジャパン**」は「日本の**漫画やゲーム、アニメ**など、日本独自の文化が海外で評価を受けている現象のことです。

「クールジャパン」の定義

「クールジャパン」という言葉は、アメリカのジャーナリストが、日本文化について「cool（クール）」という言葉をつかって書いたことにはじまるといわれている。

「cool」は、「冷たい」という意味を思いうかべる人も多いが、「かっこいい」などの意味でつかわれることも多い。

クールジャパンの例として、漫画やアニメなどが注目されているが、それらに登場するじゃんけんも「かっこいい」！

日本人がじゃんけんをするようすを「かっこいい」と感じる外国人が実際にいるかどうかわからないが、じゃんけんを覚え、自分の国へ広めている外国人がいるのは事実だ。とくに、インターネット上のブログやYouTubeなどに、じゃんけんのようすが多く投稿されている。

こうして、日本発のじゃんけんは、今も世界へどんどん広まっているのだ。

19

世界じゃんけん大会のようす（2009年）。

© Wizardhat

そもそも「じゃんけん」とは、なにか？

じゃんけんは、そのものを遊びとして楽しむもので
あるだけでなく、**順番**を決めたり、なにかを
民主的に決めたりするのにつかわれています。

勝敗を決めるための手段

早稲田大学の寒川恒夫教授は、じゃんけんについて「極めてアジア的な遊び」とし、「五行思想にルーツがあるのか、アジアには絶対的な強者がいない世界観がある。〈あいこ〉という曖昧な概念も独特だ」と述べている（『日経マガジン』2007年12月号）。

ヨーロッパやアメリカでは、なにかを決めるときコインをつかっておもてかうらかの二者選択をする。コイントスには、〈あいこ〉は存在しない。

2007年6月18日の朝日新聞によると、韓国の初代文化相で『ジャンケン文明論』（新潮社）を書いた李御寧氏は、「じゃんけんは、ひとり勝ちも、ひとり負けもない。三すくみの力関係では、絶対的に強いものは存在しない」と言っている。どちらも、三すくみという概念の背景には、奥深い哲学があることを物語っているのだ。

『ジャンケン文明論』／
李御寧　著／新潮新書

じゃんけんはフランス人にはあまりなじまないと言われている。その理由は、フランス人が意思決定を偶然にまかせることを好まないことがあげられる。フランス人は、よく話しあって意思決定すべきだと考えるし、それが近代民主主義の基本だと考えているのだ。

一方、ある小学校の校長先生の次の話もある。

「学校で席決めをする際、じゃんけんで決めるクラスのほうが、話しあいで決めるクラスより成熟しているのです。席決めの際にどんなに話しあったとしても、すべての子が納得する結論は到底出せません。だから、じゃんけんで決めたことをみんなが受けいれるクラスのほうが成熟していると言えるのです」

「伝承遊び」の発展とじゃんけん

江戸時代に「石拳」ができて、しだいにじゃんけんとよばれるようになった。だが、江戸時代のじゃんけんは、まだまだ勝敗を楽しむ遊びの要素が強かった。ところが、しだいにじゃんけんに、ある役割が生じてきたのだ。

もとより、「伝承遊び」とよばれる遊びといえば、鬼ごっこ、かくれんぼ、剣玉やコマ回しなどがすぐに思いうかぶだろう。これらは、昔、とくに江戸時代から子どもたちに親しまれ、のちに伝えられていく遊びである。

江戸時代には、江戸をはじめ、全国に都市が大きく発展していった。まちでは そこかしこで子どもが集まり、さまざまな遊びに興じた。集まった人数や場所により、なにをして遊ぶのか、みんなで楽しむにはなにをするのかを、子どもどうしで相談して決める。

なにをするにも、決めるという作業がともなう。鬼ごっこをするとなれば、鬼を決めなければならない。鬼をだれにするかを、話しあいで決めるわけにはいかないだろう。そこで役立つのが、じゃんけんというわけだ。

じゃんけんは、コイントスやくじのように道具を用意する必要がなく、すぐに決着がつくという便利さがある。

©Cosmin Iftode: Dreamstime. com

コイントスは、サッカーなどの球技において、最初にボールをけったり攻撃をおこなったりするチームや選手を決めるために、よくおこなわれる。

昔のじゃんけん必勝法？！

1 「狐の窓」

江戸は世界でもいちばん人口の多い巨大都市となっていました。そこにはありとあらゆる人たちがくらしていました。なかには人間に化けた妖怪も、ふつうにくらしていたといいます。

この手の形は、なに？

下の絵のように手を組んだ形を「狐の窓」という。こんな風に手を組んで、そこから覗くと、人間に化けた妖怪が見えてくるという。

「狐の窓」を覗きながら「けしやうのものか　ましやうのものか（化性のモノか魔性のモノか）正体をあらはせ」と、３回呪文を唱えるという話も伝えられている。

江戸時代に歌川国丸によって描かれた「狐の窓」。
（『新板化物念代気』より　国立歴史民俗博物館所蔵）

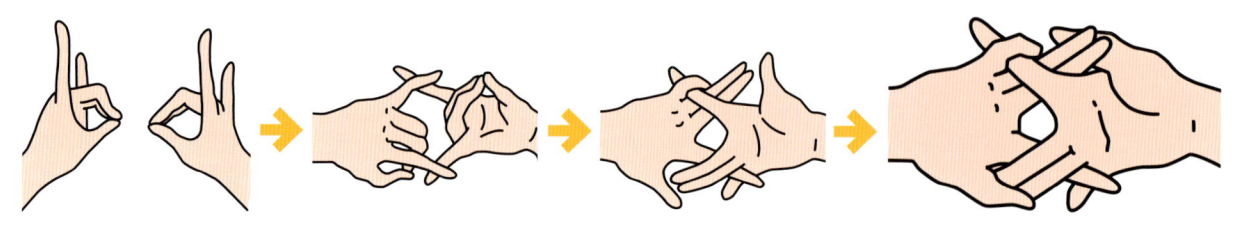

①両手の小指と人差し指を立てて、きつねの形をつくる。

②左手を下向きに右手を上向きにした状態で両手の小指と人差し指をクロスさせる。

③両手の中指と薬指をそのままのばす。

④両手の親指は後ろに、左手の親指は前にかけたら、「狐の窓」完成！

安房直子の『きつねの窓』

『きつねの窓』という話は、小学校の教科書にものっているが、江戸時代のものとくらべれば、窓のつくり方はいたってかんたん。

また、この話は柳田國男の「こども風土記」のなかの「狐あそび」を参考に書かれたと推測できるが、定かではない。

『柳田國男全集12』（筑摩書房、1990年）には、下のように書いている。

この伝承については、歴史民俗博物館名誉教授の常光徹著『しぐさの民俗学』（ミネルヴァ書房、2006年）のなかでも触れられている。

『柳田國男全集　12』／柳田國男　著／筑摩書房

今も田舎に残ってゐる狐遊び、大阪でも「大和の源九郎はん」などといつた鬼ごとである。百年以前の嬉遊笑覧にも鬼ごとの一種に、鬼になりたるを山のおこんと名づけて、引きつれて下に屈み、もともとつばな抜こゝと言ひつつ、芽花抜くまねびをしてはてに鬼に向かひ、人さし指と親指とにて輪をつくり、その内より覗き見て、是なにと問へばほうしの玉といふと、皆逃げ去るを鬼追ひかけて捕ふる也と見えてゐる。

『きつねの窓』／安房直子　文・織茂恭子　絵／ポプラ社

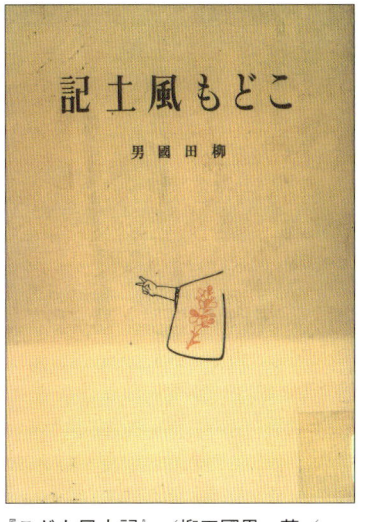

『こども風土記』／柳田國男　著／朝日新聞社
※文字は右から左へ読む。

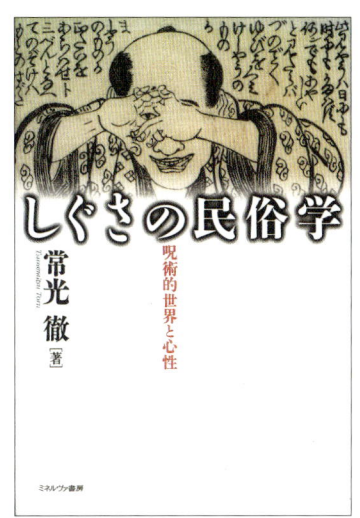

『しぐさの民俗学』／常光徹　著／ミネルヴァ書房

2 じゃんけんは神のおつげか？「じゃんけん覗き」

じゃんけんに勝ちたい！ 順番を決めたり決着をつけたりするにも、自分の思うようにしたい！ということで、**じゃんけの勝ち方**というのがあれば、だれでも気になるでしょう。「**狐の窓**」とよく似た「**じゃんけん覗き**」とは？

「狐の窓」と「じゃんけん覗き」

この本の「はじめに」で記したが、筆者は、現在も多くの人がじゃんけんをする前にやっているあのしぐさを、「じゃんけん覗き」とよぶことにした。おそらくそうよんだのは、筆者がはじめて！

よって「狐の窓」のように、伝承的なよび方でないことを明確にしておきたい。

もとより、下の図を見るとわかる通り、「狐の窓」と「じゃんけん覗き」は似ている。どちらも見えないものを見るという所作だ。

「狐の窓」の手の形

「じゃんけん覗き」の手の形

「じゃんけん覗き」はなんのため？

「狐の窓」は、24ページに記した通りだが、では、「じゃんけん覗き」はなにを見ようとしているのか？　それは一言で言うと、じゃんけんの勝ち方を見ているのだ。どの手の形を出せば勝てるかを、覗いて見ようとしているという。

近年では、じゃんけんの前にじゃんけん覗きをする人も減ってきたが、それでも、子どもからお年寄りまで多くの人がやっているという。

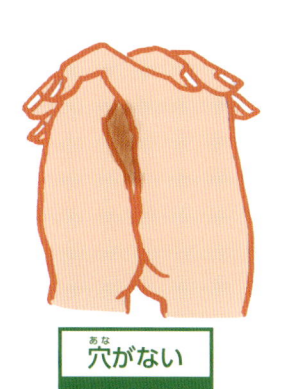

穴がない　グー

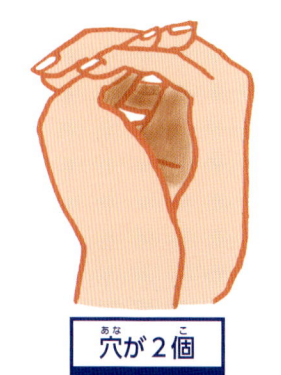

穴が2個　チョキ

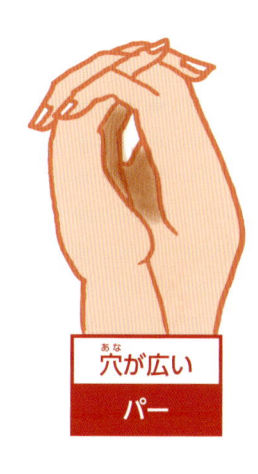

穴が広い　パー

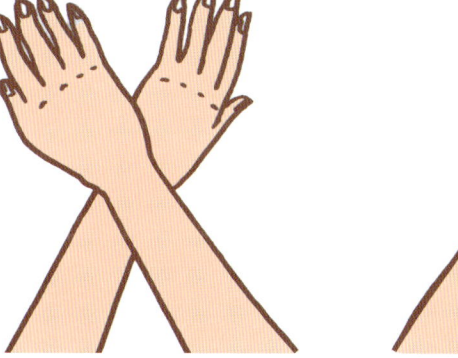

①手前でうでを交差。

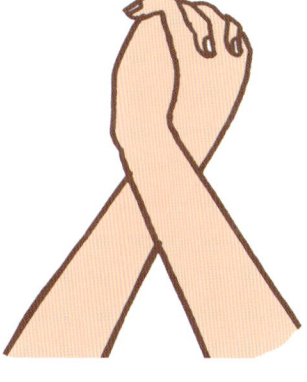

②指をからませて手をにぎる。

③そのまま手を1回転させる。

④顔の前に持ってきて、右手と左手のあいだを覗きこむ。

テレビ朝日 『いつからこうなった?』

2018年9月26日深夜『いつからじゃんけん前のアレやるようになった?』が放映されました。そこでは、スタッフがさまざまな方法で「アレ(じゃんけん覗き)」が実際におこなわれているかどうかを調査するようすが映しだされました。

番組の流れ

番組は、「じゃんけん前のアレとは、手をクロスして覗きこむようなこのしぐさのこと」というナレーションからはじまる。

女性タレントが「はいはいはい」と、また男性が「こうやって……光が1個だとグーじゃないの?」「2つだとチョキとか」。

すると女性が「うそー」と。つづいて、「じゃんけんの神からのおつげだ……」という人も。ついで、番組スタッフがまちの人たちがじゃんけん前の「アレ」を一度でもやったことがあるかどうかの調査を開始。

- 18歳女性1人が、じゃんけん前のアレをやりはじめる。
- 23歳女性2人も、こうやって…手をクロスして覗きこむアレのしぐさをする。
- 40代女性と60代女性:こうやって……。
- 77歳男性:こうやって……と同じしぐさをする。

こうしたようすを紹介したあと、ナレーターが「どうやらじゃんけん前のアレは10代から70代まで幅広く浸透しているようだ。では、最近の子どもたちはどうなのか」と。

その後、サッカーをする小学生たち、6歳男子2人、幼稚園児などが「アレ」をしていることを確認。「じゃんけん前のアレは小学生にも浸透しており、さらにもっと下の世代にも脈みゃくと受けつがれているようだ」とナレーションが入った。

「なにを見ているのか?」の街頭インタビュー

ついで番組は次のように展開した。

スタッフ:どこ見てるんですか?
- 60歳男性:(アレのしぐさをしながら)この穴が大きかったらパーとかグーを出す。
- 23歳女性:形……この形がちょっとチョキっぽいとか。
- 18歳女性:この穴が(アレのしぐさをしながら)……これ絶対チョキ 穴2個あるしー。
- ナレーター:いちばん多かった意見は、見分け方がそれぞれちがえども、開いた隙間の形によって出す手を決めるパターン。
- ■テロップ:穴がないのがグー、穴が2個はチョキ、穴が広いのはパー
- 25歳女性2人:穴のなかに自分の手が見える。
- ■テロップ:
- 隙間の形で出す手を決める。
- 勝ち手が思い浮かんでくる。
- のぞかずに念じるだけ→勝率アップが目的!?

さすがテレビ?!

　このあと、番組では、じゃんけん前の
アレで本当に勝率が上がるのかどうか
を、若手芸人3組にそれぞれじゃんけん
をしてもらって検証。そして、再び、お
もに高齢者のインタビューを紹介する。

・75歳女性：（アレのしぐさをしながら）こう
　やって、こうやるんです。
・スタッフ：いつごろからあるのか調べている
　んですけど。
・75歳女性：はい、私の時ありました。
・75歳女性：ありました、当然ありました。
・77歳男性：（アレをしながら）あー、昔やったね。
・74歳男性：やったやった。
・77歳男性：中学生くらいかな。
・スタッフ：失礼ですけど、ご年齢って、今?
・77歳男性：77歳！　中学生……? だから60
　年以上前。
・77歳：そう、60年以上前。
・ナレーター：さらに82歳の方から重要証言。
・82歳男性：あー、これ? （アレのしぐさをする）
・スタッフ：やっぱご存知?　昔やってました?
・82歳男性：やってました、子どものころよく。
・スタッフ：これで、なにか見てるんですか?
・女性：勝ちますようにみたいなことですかね。
・82歳男性：あーそう！　母親から教えられた。
・スタッフ：お母さんがやられてました?
・82歳男性：やってました。
・ナレーター：じゃんけん前のアレは1950年
　代には割と浸透しており、さらに1930年代
　には存在していた可能性が。

　この番組の最後に、先の芸人が1000回
勝負した結果が発表された。同番組として
は、じゃんけん覗きによって勝率を上げら
れることは検証できなかったという。

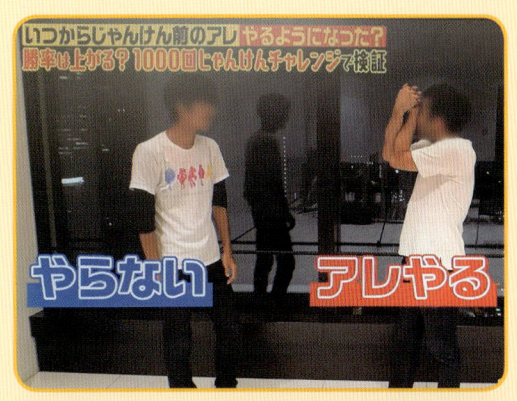

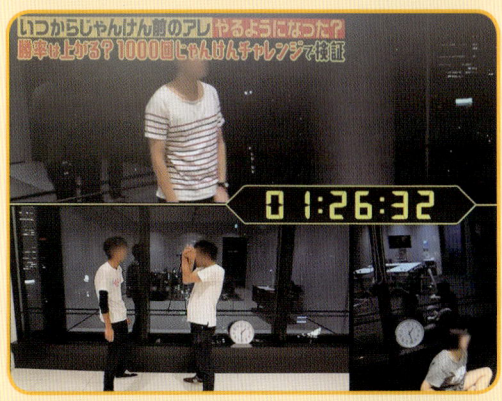

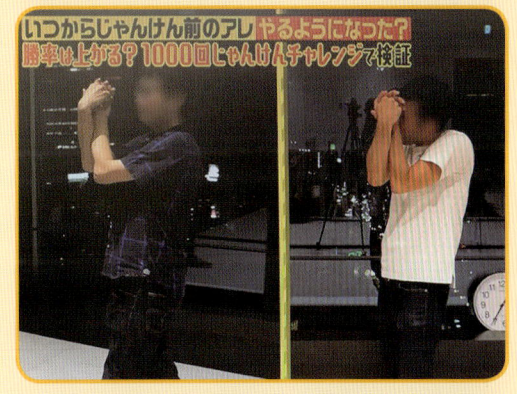

2018年9月26日放送『いつからこうなった?』（テレ
ビ朝日）の放送中のテレビ画面を撮影したもの。

3 「じゃんけん覗き」はいつから？

現在も脈みゃくと受けつがれている、じゃんけん前の「アレ」、すなわち「じゃんけん覗き」は、いつごろからおこなわれているのでしょうか。「狐の窓」のように文献で証明できればいいのですが……。

すみませんが、わかりません！

筆者は、テレビ番組のスタッフから「じゃんけんをやる前の動作がいつごろからはじまったか？　広まったか？」と、質問された。　だが、その際、筆者は「正確にはわからない。正確でなくても全然わからない」と答えた。「じゃんけんができたのが江戸時代だから、『じゃんけん覗き』も江戸時代にあった可能性はあるかなぁ？　でも、なんの証拠もないので、軽はずみには言えない」と言わざるを得なかった。

だが、「じゃんけん覗き」が、「狐の窓」（→P24）に似ていることを伝えると、番組のスタッフは、独自に調べて、同番組のナレーションで、次のように説明した。

「狐の窓」は、指で2つ狐をつくりクロスし、耳を合わせ指を開いてつくる、陰陽師に由来すると言われている手の組み方（→P24）。

でも、筆者も「狐の窓」が陰陽師に由来していることは知らなかった。

テレビ朝日の番組の結論

その番組では、次のように結論づけていた。

1819年に書かれた浮世絵にじゃんけんがえがかれていることから、「狐の窓」の頃から存在していた可能性がある。

異界のモノを見ようとするポーズに影響を受け、じゃんけんの勝率を上げたい気持ちから誕生!?

この本では、その番組の説を支持することはできないが、ある意味仮説として、今後の調査・研究のテーマになると判断して、紹介した。

かこさとしの説

　かこさとし（加古 里子）といえば、絵本作家、児童文学者としてとても有名。1926年3月31日生まれで、2018年5月2日没と長生きされ、生涯で文学から科学までさまざまな作品を残している。

　多数の作品のなかで『伝承遊び考4　じゃんけん遊び考』（小峰書店 2008年）には、次の記述がある。

　両手をひねって組み、組んだ指の間をのぞき込んだりして、相手をじらす。

　これは、じゃんけん必勝法ではないのか？

　「じゃんけん覗き」は、じゃんけんに勝つための作戦の1つ「じらし作戦」だと考えてもいいのではないか。パート2のタイトル「昔のじゃんけん必勝法」の1つとなるかもしれない。

29

イラストは指のあいだを覗いてはいないが、指の組み方は「じゃんけん覗き」と同じことがわかる。

『伝承遊び考4　じゃんけん遊び考』／加古里子　著／小峰書店

今のじゃんけん必勝法？！

1 じらし作戦の効果<small>（こうか）</small>？

かこさとしさんは、じゃんけんの前に相手をじらすことについて書いていますが、相手も同じことをしたらどうなるのでしょう。

「じらし作戦」は成功しないのは言うまでもありません。

「じゃんけん覗<small>（のぞ）</small>き」は作戦タイム

27ページで紹介<small>（しょうかい）</small>したテレビ番組では、おたがいに「じゃんけん覗<small>（のぞ）</small>き」をやっているようすが画面に映<small>（うつ）</small>しだされていた。

今のじゃんけんが「最初はグー、じゃんけん　ポン」と勢<small>（いきお）</small>いよくやっているのとくらべれば、なんとも不思議<small>（ふしぎ）</small>な光景だ。

でも、それは、実際<small>（じっさい）</small>にどの手の形を出すのかを見たくて手のあいだを覗<small>（のぞ）</small>きこんでいるわけがない。

同じ人が同じように手を組めば、その形は毎回同じになるのがふつう。

では、なんのため？

要するに、そんなことをやりながら、なにを出せばいいのか考えているのだ。無意識<small>（むいしき）</small>のうちでさえも、相手がなにを出してくるかを読んでいる。もしかすると、

相手の性格<small>（せいかく）</small>やじゃんけんの出し方の傾向<small>（けいこう）</small>などを考えているのかもしれない。

ただ考える時間を引っぱるわけにもいかないので、「両手をひねって組み、組んだ指の間からのぞいてみたり」（→P29）しながら、考えているのである。すなわち、「じゃんけん覗<small>（のぞ）</small>き」は、作戦タイム！

後出しじゃんけんの横行

「後出しじゃんけん」とは、じゃんけんで、ほかの人が出したあとに手を出すこと。かつて、じゃんけんに勝ちたいために、相手が出す手を見て、一瞬で判断し、相手に勝つ手を出す人がいた。すると、それを見た人は「あーと出し、あーと出し」などと言って、その行為をせめたてる光景もよく見られた。

ただし、実際には、一瞬に判断して、自分の手の形をかえるというのは至難の技である。

なお、「後出し」は「成りゆきを見て態度を決めたりかえたりすること」「今後の趨勢を決めるような重大な事実があとから出てくること」などという状況のたとえにつかわれることがある。

「後出しじゃんけん」

「後出しじゃんけん」は、じゃんけんで許されない「後出し」を敢えてゲームにした遊びだ。出された手を一瞬で判断して、自分の手を決めるのは、かなりむずかしい。そのルールは次の通り。

❶親を決め、「あ〜と出しじゃんけん、じゃんけんポン、ポン」などと、かけ声をかける。

❷最初の「ポン」で親が手を出し、次の「ポン」で、その他の人が手を出す。

❸その結果、親に勝てたら、その人の勝ち。

2 後出し防止策か？

じゃんけんのかけ声は、11ページで紹介した以外にもいろいろあります。
これは、手を出すまでの時間を長くして、**タイミング**を合わせ、後出しを防ぐ効果があります。

「じゃんけん じゃがいも さつまいも」

上の「さつまいも」は、「北海道」になったり「ヨーロッパ」になったりする。また、地域や集団によって、さらに、個人によってもいろいろなパターンがある。次は、その例。

・じゃんけんホイホイ　どっち出すのー
・じゃーいけーん　出さんが負ーけ（負けー）
・じゃんけんでホイの　へのカッパ
・じゃんけんもって　すいっちょ　ホイ

なかには、下のような長いものもある。

・じゃんけんこんがらがったじゃすこん　ピーナッツ　カレーライス

要するに、言葉遊びや語呂合わせとして楽しまれているのだ。

じゃんけんじゃがいもさつまいもアメリカヨーロッパ！
あいこでアメリカヨーロッパ！
ちっけった！
しゅしゅぽ！
はーぜっせっせ！
じゃらけっぽん！
ほっちんほい！
あらちゃちょい！
じゃこんのち！
ちゃーろーえす！

きっきっぽー！
じゃすこんべー！
じっけっせ！
いんじゃんでほい！
じゃんけっぽっぽ！

「最初はグー」は、後出し防止策?

　昔は「最初はグー」と言わなかった。「ジャンケン　ポン」とみんなでかけ声をかけて、「ポン」と声を発すると同時に手を出す。でも、呼吸が合わないことがよくおこる。そこで、左ページのようにしてみんなのタイミングを合わせることもおこなわれた。

　だが、現在では、じゃんけんは、「最初はグー」と言ってはじめるのがふつうだ。「じゃんけん」を「いんじゃん」とよぶ関西の人たちも、「最初はグー」をつかっている。「最初はグー」は、全国的なのだ！

　しかし、お年寄りのなかには、今でも「最初はグー」を言わない人が多い。それどころか、なんのことかわからない人もいるのだ。それもそのはず、「最初は

グー」は、1960年代の終わりごろから普及しはじめ、一気に全国的になったからだ。

　「最初はグー」と言わなかったころの子どもたちは、「あーと出し、あーと出し」などと歌いながら、後出しをした子をなじったのだ。ところが、今では、じゃんけんをする子どもたちから、そんな歌声はほとんど聞かれない。「最初はグー」のおかげである。

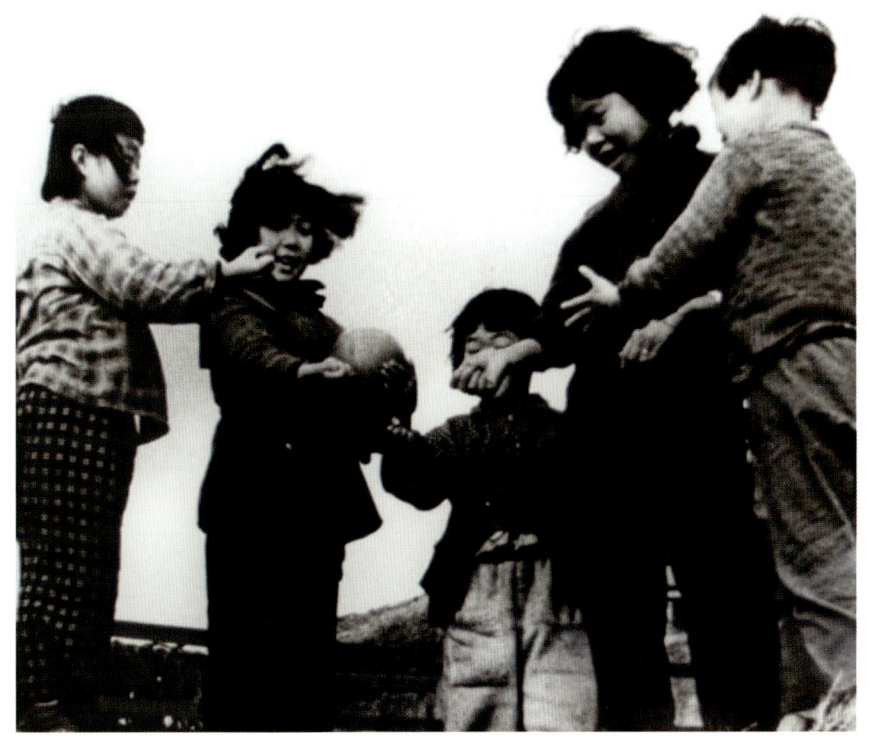

じゃんけんをする子どもたち（1956年）。このころはまだ、「最初はグー」とは言わなかった。

三原市歴史民俗資料館蔵

『8時だョ！全員集合』がきっかけ

1969〜1985年、土曜日の夜8時から放送されたコント番組『8時だョ!全員集合』は子どもたちのあいだで大人気。

ドリフターズのコントが日本じゅうでまねされていました。
そのなか「**最初はグー**」ではじまるじゃんけんがありました。

志村けんの発案か？

2007年6月18日の朝日新聞では、当時、ドリフターズのメンバー志村けんさんの所属事務所に取材した際、「最初はグー」について、「80年代に仲本工事さんとのコントのなかでつかっていました。それが子どもの間に広まったようです」としている。

『8時だョ！全員集合』で、志村さんたちが「最初はグー」と言っているのを見た記憶がある人は、今となってはそう多くはないが、志村さんたちが「最初はグー」を流行らせたのは、どうやらまちがいない。

朝日新聞の記事
（2002年9月25日）

この言葉をつくったのは、だれ？

「最初はグー」は、人気テレビ番組でドリフターズがやったことで、一気に全国的に広がったわけだが、この言葉をつくり出したのは、だれなのだろうか。

実は、志村さんの事務所でさえ、「志村さんがどこかでそれを見て番組でやりはじめたのではないか」としている。

ところが、インターネットには次のようなことが、まことしやかに伝えられている。

・あるとき、飲み会の支払いを決める際、じゃんけんをしようとしたが、みんな酔っぱらっていてなかなかタイミングが合わなかった。そのとき、志村けんさんが「最初はグーでそろえましょう！」と言いだした。そこから「最初はグー」が誕生した。

・仲本工事さんと志村けんさんがおこなったコントから広まった。そのコントの正式なフレーズは、「最初はグー、またまたグー、お次はチョキ、いかりや長介頭がパー、正義は勝つとは限らない」である。

でも、これらは、いわゆる「都市伝説」といったもの。志村さんが、この言葉をつくったかどうかは、わからない。

「最初はグーでそろえましょう！」

それでも「最初はグーでそろえましょう！」と志村さんが言いだし、そこから「最初はグー」が誕生したというのは（たとえうわさだとしても）、じゃんけんの後出し防止として「最初はグー」が登場した証拠となるといえる。

『8時だョ！全員集合』のＤＶＤジャケット。
DVD『8時だョ！全員集合　最終盤』©TBS
発売元：TBS　販売元：ポニーキャニオン

3 なぜ「最初はグー」なのか？

全国的に「**最初はグー**」がつかわれていますが、どうして「**最初はチョキ**」とも「**最初はパー**」とも言わないのでしょうか。
実は「最初はグー」は、なるべくしてなったのです。どういうことでしょう？

人は緊張すると手をにぎりしめる⁉

2002年9月25日の朝日新聞では、なぜ「最初はグー」かという質問に対し、日本女子体育大学の二階堂邦子教授の言葉として「赤ちゃんは手をにぎって生まれてくる。だから最初はグーという言葉は、人間の原点をついたもの」と記された。

また、人は緊張したとき、手をにぎるといわれている。それは、赤ちゃんが手をにぎって生まれてくることとどう関係するかはわからないが、緊張している人が、手を開いているという姿は想像しにくいし、緊張した際、チョキを出す人はまずいないだろう。

グーがいちばん言いやすい！

「グー」「チョキ」「パー」の3つの言葉を発するときの口の動きのうち、いちばん口の動きが少ないのは「グー」だ。反対に、もっとも動きが大きいのは「チョキ」。「パー」という破裂音（唇を閉じてから息を勢いよくはき出す音）も、口を動かすエネルギーは「グー」より大きい。こうしたことから、「最初はグー」になったと考えられるのだ。

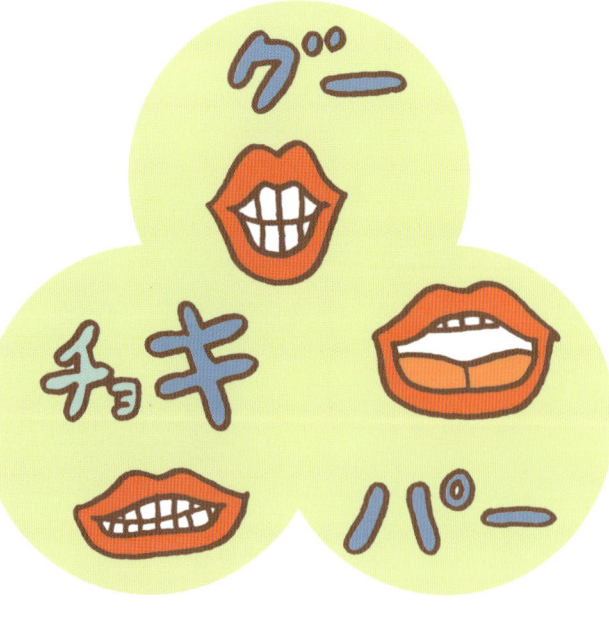

とっさに出しやすい手の形は？

なぜ「最初はグー」なのかは、言葉の問題だけで考えるわけにはいかない。なぜなら、かけ声と同時に手の形を出すからだ。

❶にぎった手
❷指を2本出した手
❸開いた手

これらのうち、とっさに出しやすいのはどれか？　❶と❸では意見がわかれるかもしれないが、❷でないことは、だれもが認めるはずだ。

ここで思いだされるのが、左ページの「人間は緊張すると手をにぎりしめる」ということだ。2人が向かいあって、これから勝負をするというとき、「最初はパー」と言って、たがいに「パー」をつきあわせるというのも、まぬけな光景だ。「グー」のほうがはるかに緊張感がある。人は緊張すると手をにぎりしめるのだ。

向かいあってパーを出す2人。

どっちが緊張感がある？

37

正解はこれだ！

なぜ「最初はグー」かは、実は、歴史的に証明されているといえるのだ。

じゃんけんの手の形は、「本拳」（数拳）の0と2と5の手の形と同じである（→P9）。0、2、5のうちなら、当然「最初は0」、すなわち「最初はグー」だ！

向かいあってグーを出す2人。

「最初はグー」を証明する3つの調査

「グー」「チョキ」「パー」のうち、**いちばん出しやすい手の形は「グー」**だといわれています。その理由は37ページにも記しましたが、ここでは、その**裏づけとなる調査**を3つ紹介します。

桜美林大学の芳澤光雄教授の調査

朝日新聞が「じゃんけん博士の異名をとる」と紹介した桜美林大学の芳澤光雄教授は、「延べ725人に10回から20回のじゃんけんをしてもらい、11567回もの勝負データを集めた」。その結果、「グー」を出す確率が35.0％でいちばん高く、次が「パー」で33.3％。「チョキ」は31.7％だったという（日経マガジン2007年12月号）。

「パー」は、全体の3分の1だったが、「グー」と「チョキ」の差は3.3ポイント。これをわずかな差と見るか、大きな差と見るか？

世界じゃんけん協会（WRPS）の調査

カナダに本部がある世界じゃんけん協会（WRPS→P15）は、2002年から世界大会をおこなっている。これは世界でもっとも多くの人が参加するじゃんけん大会として知られ、『ギネス世界記録』にも参加者数の記録が載った。このWRPSによる調査でも、統計的には「Rock（グー）」を出す人がいちばん多いと発表された。

『ギネス世界記録2008』／
クレイグ・グレンディ、こども
くらぶ 編／ポプラ社

世界じゃんけん大会の記録が紹介された『ギネス世界記録2008』の紙面。

「じゃんけん必勝法！」の紙面。
（『日経マガジン』2007年12月号より）

AKB48じゃんけん大会の調査

あるテレビ局では「AKB48じゃんけん大会」という番組制作に際し、次の大会での勝敗を予想するために、多くのスタッフが過去の大会の録画を見て、「グー」「チョキ」「パー」の出し方を徹底的に調べた。その結果でも、グーを出す割合が高かったという※。

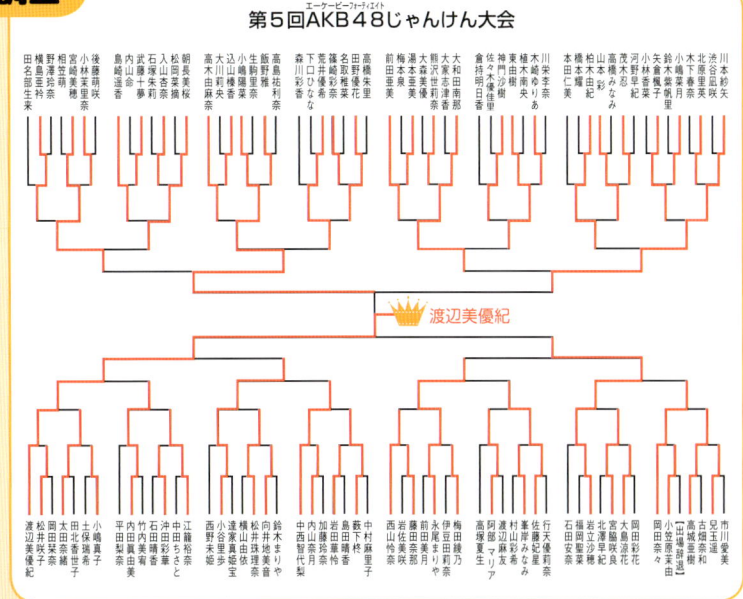

2014年9月17日に開催された大会のトーナメント表。

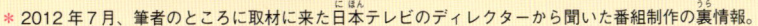
※ 2012年7月、筆者のところに取材に来た日本テレビのディレクターから聞いた番組制作の裏情報。

© AKS

4 どうして「グー・チョキ・パー」の順番なの?

37ページでは、なぜ「最初はグー」かの質問に対し、「グー」がいちばん出しやすいと記しましたが、なぜ**「グー・チョキ・パー」**の順番なのでしょうか?**「パー・チョキ・グー」**でも**「チョキ・パー・グー」**でもありません。

グー・チョキ・パーの手の出しやすさ

「最初はグー」なのは、「グー・チョキ・パー」だからなのだろうか。否、一般に「パー・チョキ・グー」でも、「チョキ・グー・パー」でもなく、「グー・チョキ・パー」だから、「最初はグー」なのだ。

これでは、まるで鶏が先か卵が先かといったような話となり、まったく説得力がない。そこで、次のように考えてみたい。「グー」「チョキ」「パー」の並び方は、下の6通りある。

それぞれの手の形をすばやく出してみる。一度ではなく、連続で何度も出す。すると、おそらく多くの人が「グー・チョキ・パー」の順がいちばん出しやすいと感じるはずだ。それは、「グー」のにぎった手を「チョキ」にしてから「パー」へ開いていくからだ。開いてからにぎりなおすような動きがない分、効率的な動作になる。

こう見ると、「グー・チョキ・パー」の手の動きがいちばん自然で、「パー・チョキ・グー」でも「チョキ・グー・パー」でもないことがわかる。

グー・チョキ・パーの言葉の言いやすさ

　これについても、実際に発音して試してみると、「グー・チョキ・パー」がもっとも言いやすいことは、多くの人が認めるはずだ。なぜなら、口を閉じた状態から開いていくので、「グー」→「チョキ」→「パー」の口の動き方が、いちばん無理がないからだ。

　唇をほんの少しつき出すように、軽く開けて発音する「グー」から、軽く開けたまま横に開いて音を出す「チョキ」へ、その後、唇を一度閉じてから息を破裂させるように「パー」と発音するのは、合理的な口の動きというわけだ。「パー」と言って大きな口を開けてから「グー」と閉じるのは、口の動きにむだがあるといえる。

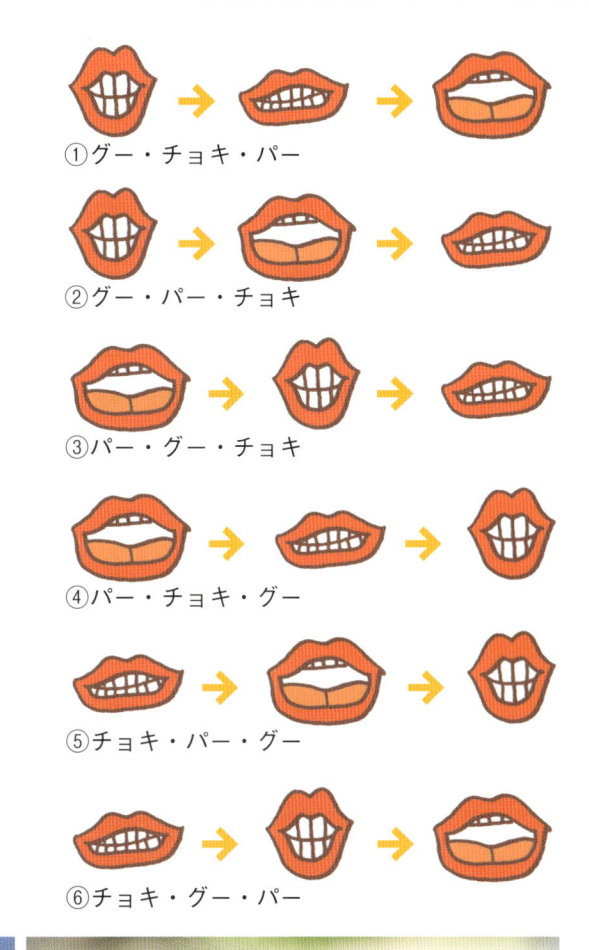

①グー・チョキ・パー

②グー・パー・チョキ

③パー・グー・チョキ

④パー・チョキ・グー

⑤チョキ・パー・グー

⑥チョキ・グー・パー

5 「最初はグー」だからこそのじゃんけん必勝法

38〜39ページで「**グー**」を出す人が多いことがわかりました。もしそうなら「パー」を出せば、**もっとも勝つ確率が高い**ことになるはず！すなわち、**いちばん勝つ確率が高いのは、「パー」**？

そもそもじゃんけん必勝法ってあるの？

「じゃんけん必勝法」は、あるかないか？ それは「ない」といえばないけれど、「ある」といえばあるのではないか。

1回勝負のじゃんけんの場合、「グー」を出す人の確率が高い（→P38）ので、当然勝つ確率が高いのは「パー」ということになる。しかし、これはカンや読みといったものが一切考慮されない場合のことである。

相手も「グー」が出やすいことを知っていいるはずだと考えて、そのうらをかこうとする人がいる。相手の手を読もうとする人が多いなら、確率なんて関係なくなってしまうはずだ。

それでも、あいこになった場合には、瞬間に相手の手を読むのは最初よりむずかしくなってくるだろう。よって、あいこが何度もつづくときには、しだいに「グー」を出す確率が高くなると言える。

また、連続で何回も勝負する場合には、やはり確率論が頭をもたげることになる。

あいこになった場合

じゃんけんであいこになる確率は、単純に考えると9分の3＝33.3％となる（下表の◎印）。38ページに登場したじゃんけん博士も、世界じゃんけん協会も、それぞれの調査の結果、あいこになった場合、次いで勝つ可能性の高い手の出し方があると言っている。これは両者とも同じ結論である。

じゃんけん博士は実験で「2回つづけてじゃんけんをした10833回のうち、同じ手がつづいたのは2465回。22.8％だ。確率で考えると、3分の1どころか4分の1もない。つまり、同じ手は出ない可能性が高い」と述べ、「あいこになった場合、その手の形に負ける手を出せば、勝つ確率が高い」と結論づけている（日経マガジン2007年12月号）。つまり「パー」であいこになった場合、次に出す手の形は「グー」か「チョキ」の可能性が高いので、「グー」を出せば、少なくとも負ける可能性は低くなるというのだ。なお、この結論は、38ページで紹介した世界じゃんけん協会と同じである。

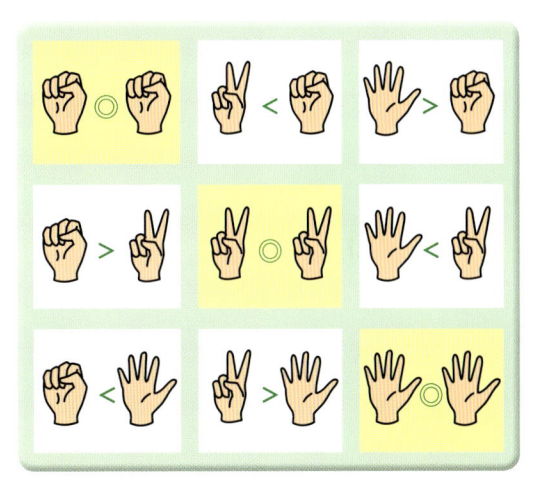

◎：あいこ　勝ち＞負け　負け＜勝ち

ホント？「じゃんけんに勝つための7か条」

カナダにある **WRPS**（ダブリューアールピーエス）という団体（だんたい）は、その公式ホームページで、じゃんけんの勝ち方について、具体的な7つのテクニックを発表している。ここでは、英文を翻訳（ほんやく）して紹介（しょうかい）する。

WRPS（ダブリューアールピーエス）とは？

カナダで2002年、世界じゃんけん協会 the World Rock Paper Scissors Society（ザ・ワールド・ロック・ペーパー・シザーズ・ソサエティ）（WRPS）が結成され、世界じゃんけん大会がはじまった。その目的は「世界各地のじゃんけん系（けい）ゲームのルールを統一（とういつ）し、世界大会を開くため」だという。

なお、WRPSは、1842年にイギリスで設立（せつりつ）されたという説があるが、1868年の明治元年（めいじ）より前のこととは考えにくい。

1. なにも考えない相手には「パー」が有効（ゆうこう）。

2. じゃんけんに自信がある人、強いといわれている人は、「グー」を出す確率（かくりつ）は低い。そのため、「チョキ」を出せば勝つか、「チョキ」どうしであいことなる。

3. 同じ手がつづけば、次はその手に負ける手を出すのがいい（43ページでじゃんけん博士が出した結論（けつろん）と同じ）。

4. 自分の出す手を宣言（せんげん）すると、勝つ可能性（かのうせい）が高まる。「グー」を出すと宣言（せんげん）すると、相手は「本当にグーを出すはずがない」と疑（うたが）い、「パー」を出さず、「チョキ」か「グー」を出す。そこで、自分が「グー」を出せば、勝つかあいこのどちらかになる。これは疑（うたが）い深い性格（せいかく）の人に対して有効（ゆうこう）。

5. 相手に考えさせないように、声を出して相手をせきたてる。すると相手は追いこまれて、直前に勝った手を出す確率（かくりつ）が高まる。

6. 勝負の前に、「グー・チョキ・パー」と口に出しながら手の形を相手に見せる。これを何度も繰（く）り返すと、相手の頭に無意識（むいしき）のうちに「グー → チョキ → パー」という順番がすりこまれて、その順番で手を出す。

7. 「パー」「チョキ」が出る確率（かくりつ）は低いので、「パー」を出せば、負ける可能性（かのうせい）は低い。

WORLD RPS SOCIETY

Serving the needs of decision makers since 1918

Game Basics ∨ | Advanced RPS ∨ | World RPS Store ∨ | The World RPS Society ∨ | Bull Board | Running a Tournament ∨ | Blog

Worldrps.com has a new look

Say goodbye to the old cluttered look of the World RPS Society site.

The IT Brigade told us it would take them four weeks to re-do the worldrps.com web site. So after consuming four years, 4 palettes of Mellow Yellow, dozens of crates of Pringles, and surviving a few health scares, the team has done it.

WORLD RPS SOCIETY

45

Run your own RPS Tournament

No one has more experience running RPS Tournaments than we do and we want to help you run the best tournament possible. Purchase your RPS Tournament Digital Toolkit today

Elementum

This is your second home widget box. To edit please go to Appearance > Widgets and choose 7th widget from the top in area 7 called Home Widget 2. Title is also manageable from widgets as well.

Interdum

This is your third home widget box. To edit please go to Appearance > Widgets and choose 8th widget from the top in area 8 called Home Widget 3. Title is also manageable from widgets as well.

世界じゃんけん協会 WRPS公式ホームページ（http://www.worldrps.com/）。

さくいん

終わりに

ずいぶん前の話だが、2002年9月、朝日新聞大阪本社の女性記者が東京都国立市のぼくの事務所へ取材にこられた。その少し前にぼくが著した『世界のじゃんけん』を読んでくださったとのこと。わざわざ大阪からということに感激して2時間ほど話をしたのを今でも覚えている。

「そりゃ、グー・チョキ・パーだからですよ。パー・チョキ・グーともチョキ・グー・パーとも言わない。だから最初は、グーなんです」と、ぼくの言葉が引用され、大きな記事が全国版にのった（2002年9月25日→P34）。「なるほど簡潔で力強い答えだ」などと。その記事の標題は、『「最初はグー」じゃなきゃダメ？』と記されていた。

それから5年がすぎたころ、またも『なぜ「最初はグー」なの？』という記事の取材が朝日新聞東京本社からあった。その時には「グー・チョキ・パーの順番に言うから、最初はグーでしょ」と、ぼくはキッパリ。韓国では、カウィ（チョキ）・バウィ（グー）・ボ（パー）。トルコでは、キャウト（パー）・タッシュ（グー）・マカス（チョキ）。「その国でつかう言語で言いやすい順番なのでは？」が引用された（朝日新聞2007年6月18日）。

この2つの記事はどちらも「日常生活で感じた『なぜ？』」に紙上で答えるという企画の取材だった。それにしても同じ新聞社が全国版で、しかも日本でもっとも有名な新聞社が、なぜぼくところに取材に来たのか正直驚いた。

じゃんけんという単純な遊びにも、多くの人が疑問をもっているのだと、あらためて感じた。

その後、人気アイドルグループAKB48がじゃんけん大会をやっていることなどから、『世界のじゃんけん』に関係する、雑誌・テレビの取材があいついだ。各社それぞれに、企画に工夫を凝らしてはいるものの、ぼくへの質問は、みな似たり寄ったりだった。

ぼくが取材を受けたなかの1つに、2007年12月号の日経マガジンに掲載された『じゃんけん必勝法！』というのがある。これは、ていねいに取材されていて、取材先も多岐に渡って書かれた記事だった。

そこには「『大衆の遊びだけに記録がほとんどなく、研究者もいない』と早稲田大学の寒川恒夫教授は、なげく」と記されていた（教授は、ぼくもいっしょに本をつくったことのある人類学者）。

もとより、ぼくは編集者として子どもの本を多くつくってきた。国際関係や異文化交流の児童書を多く担当し、「きみにもできる国際交流」全24巻（偕成社）、「世界の文字と言葉入門」全10巻（小峰書店）、「さがし絵で発見！世界の国ぐに」全18巻（あすなろ書房）などを通して、これまで40以上の国と地域を取材した。そして、1200タイトル以上の作品をつくってきた。

そんなぼくは、「じゃんけんがどこで生まれたのか？」の問いに対して、近年は「メイド・イン・ジャパン」と答えている。その理由は、この本にも書いたが、こんなこともあった。

ぼくが取材された2014年の正月2日の特番で、ゲスト出演していた中国人の女性が、ぼくの録画映像のコメントの後、すかさず「中国が起源よ」と反論！

さて、この本を読んでくださった読者のみなさんは、現在世界に広がるじゃんけんは、江戸時代の日本発だというぼくの考えをどう思われるか……？

最後に一言、ぼくの考える「じゃんけん必勝法」は、相手の性格、習性、特徴をじっくり考えること！　そのための時間をかせぐのに、「じゃんけん覗き」をするのも有効。なお、44ページで紹介した7か条は、ぼくも同様に考えている。直近のテレビ取材の際には、タレントのさまぁ〜ず・三村マサカズさんが番組で実践してくれた。

見事成功！　（『モヤモヤさまぁ〜ず2』テレビ東京）

2018年10月　　　　子どもジャーナリスト
Journalist for children　稲葉茂勝

●著／稲葉 茂勝（いなば しげかつ）
1953年東京都生まれ。大阪外国語大学、東京外国語大学卒業。国際理解教育学会会員。子ども向けの書籍のプロデューサーとして生涯1200作品以上を発表。自らの著作は、『子どもの写真で見る世界のあいさつことば―平和を考える3600秒』『世界の言葉で「ありがとう」ってどう言うの?』（今人舎）など、国際理解関係を中心に著書・翻訳書の数は80冊以上にのぼる。2017年4月から子どもジャーナリストとして活動している。

●編／こどもくらぶ
「こどもくらぶ」は、あそび・教育・福祉分野で、子どもに関する書籍を企画・編集しているエヌ・アンド・エス企画編集室の愛称。

●イラスト／花島 ゆき

●装丁／長江知子、矢野瑛子

●制作／(株) エヌ・アンド・エス企画（高橋博美）

●写真協力
表紙写真：国立歴史民俗博物館、国立国会図書館、学校法人城西大学水田美術館
msv、ありがとう！、ziggy、photonavor、A_Team/PIXTA
©Wizardhat、©Cosmin Iftode:Dreamstime.com

じゃんけん必勝法　昔と今 NDC382

2018年12月10日　第1刷

著　／稲葉茂勝
発行者／中嶋舞子
発行所／株式会社 今人舎
　　　　186-0001　東京都国立市北 1-7-23　TEL 042-575-8888 FAX 042-575-8886
　　　　E-mail nands@imajinsha.co.jp　URL http://www.imajinsha.co.jp
印刷・製本／瞬報社写真印刷株式会社

©2018 Shigekatsu Inaba　ISBN978-4-905530-76-3 Printed in Japan　　48p 26cm